B
C
D
A
1
A
C
D
B
C
CB019968

Escrito por María Isabel Sánchez Vegara

Gente pequena, **GRANDES SONHOS**™

CHARLES DARWIN

Ilustrado por
Mark Hoffmann

O pequeno Charles vivia com a família em Shrewsbury, Inglaterra.
Naquela época, pouco se sabia sobre a vida secreta da natureza.
Pelo chão, as minhocas sempre tinham se arrastado?
Charles queria saber, estava intrigado.

Enquanto isso, muitos professores ensinavam aos alunos que todos os animais e plantas da Terra, num piscar de olhos, tinham aparecido.
Isso seria possível? Charles não estava convencido.

Fazer perguntas sobre as coisas era algo natural para os Darwin, uma família de cientistas com ideias muito originais. O avô tinha sido um botânico de boa reputação. E o pai, que era médico, esperava que Charles tivesse a sua profissão.

Charles entrou na Faculdade de Medicina mas não
suportava ver sangue! Por isso, mudou de carreira.
Sobre as plantas e os animais, começou a ler.
Sobre toda a natureza, ele queria aprender.

Um dia, recebeu um convite para partir em uma expedição científica pela costa da África, da América do Sul e da Austrália. No Natal de 1831, do porto, o navio *HMS Beagle* partiu. Charles poderia estudar novas espécies e ver o mundo, e foi o que decidiu!

Logo começou a notar que as plantas e os animais variavam de um lugar para o outro. No Brasil, encontrou os restos de um animal que havia vivido milhares de anos antes e se parecia com outros mamíferos que Charles já conhecia.

Nas ilhas Galápagos, encontrou muitas famílias de pintassilgos
e rouxinóis. O bico pontudo era daqueles que comiam insetos,
e os que preferiam frutos, o bico curvo tinham.
Charles ficou se perguntando se o mesmo ancestral as duas espécies dividiam.

Depois de viajar pelo mundo por cinco anos, Charles notou que as espécies animais e vegetais não eram invariáveis como todos supunham. Pensou que podiam ter mudado aos poucos para se adaptarem ao local onde estavam.

Aos 28 anos, Charles apresentou uma das ideias mais surpreendentes de sua época: que uma espécie se transformava em outra espécie. Foi o primeiro passo para escrever uma revolucionária teoria que explicava como a vida mudava conforme a vida na Terra evoluía.

Com o tempo, todos os seres vivos acabavam se transformando em novas espécies. Esse processo de pequenas mudanças ao longo de milhares de anos se chama *evolução*. Charles tinha descoberto seu mecanismo secreto depois de anos de muita investigação.

Tal mecanismo recebeu o nome de seleção natural: o coelho mais rápido, a coruja que enxerga melhor ou o lobo mais esperto. A natureza premia aqueles que se adaptam melhor ao seu ambiente. Esses seres sobrevivem e têm melhores descendentes.

Charles demorou quase a vida inteira para reunir suas ideias em *A origem das espécies*, um dos livros mais importantes já escritos, uma leitura fascinante para entender a vida secreta da natureza e de todos os seres vivos.

Desde então, Charles, o naturalista de maior destaque da história, tem sido a inspiração para as descobertas científicas mais recentes. Aquele menino audacioso entendeu que o saber exige mais coragem do que a ignorância, mas encontrar a verdade sempre é de suma importância.

CHARLES DARWIN

(Shrewsbury, 1809 – Downe, 1882)

1816

1840

Charles nasceu no dia 12 de fevereiro de 1809 na Inglaterra, em uma pequena cidade comercial chamada Shrewsbury. Seu amor pela natureza começou muito cedo; costumava fazer longas caminhadas em busca de espécies naturais. Quando já tinha idade suficiente, ingressou na Faculdade de Medicina, mas a abandonou em pouco tempo e começou a estudar Teologia em Cambridge. Um de seus professores de Teologia sugeriu que continuasse alimentando seu interesse pelo mundo natural e recomendou que participasse da travessia do navio *HMS Beagle*. Sem que Darwin imaginasse, essa viagem mudaria radicalmente sua vida e também o futuro do pensamento científico. A bordo do *Beagle*, Darwin descobriu um mundo de sonhos: pássaros com patas de cor azul intenso, tartarugas gigantes e peixes de cores vivas. Reuniu plantas, animais e fósseis e completou muitos cadernos com desenhos e notas. Durante sua estadia nas ilhas

1854

c. 1878

Galápagos, estudou o bico dos pintassilgos. Alguns de es tinham bico grande para se alimentar de sementes, enquanto outros se alimentavam de insetos.
Darwin descobriu depressa que todos tinham um ancestral comum: essa era uma ideia revolucionária para a época. Charles reuniu espécies provenientes de diferentes ilhas e descobriu que cada uma tinha se adaptado para comer o tipo de alimentos disponível em seu ambiente. Ao chegar à Inglaterra, Darwin notou que suas ideias despertariam resistência, já que desafiavam os conceitos religiosos da época. Depois de vinte anos de pesquisa, publicou *A origem das espécies*, um livro polêmico e agora famoso, que logo se tornou o mais vendido. Ainda hoje, o trabalho de Darwin nos ajuda a conhecer melhor a diversidade da vida na Terra e suas origens, incluindo nossa própria origem como espécie.

Se você gostou da história de

Charles Darwin

também venha conhecer...

Outros títulos desta coleção

NELSON MANDELA

MARY SHELLEY

MADRE TERESA

ALBERT EINSTEIN

COCO CHANEL

STEPHEN HAWKING

FRIDA KAHLO

JOHN LENNON

ROSA PARKS

ANNE FRANK

LEO MESSI

PELÉ

MARIE CURIE

MAHATMA GANDHI

DAVID BOWIE

AYRTON SENNA

MALALA YOUSAFZAI

MARTIN LUTHER KING JR.

HARRIET TUBMAN

LEWIS HAMILTON

Gente pequena, **GRANDES SONHOS**™ *Charles Darwin*
María Isabel Sánchez Vegara
Ilustrações: Mark Hoffmann
Título original: Pequeño **&GRANDE**™ *Charles Darwin*

Coordenação editorial: Florencia Carrizo
Tradução: Carolina Caires Coelho
Revisão: Laila Guilherme
Diagramação: Pablo Ayala e Verónica Alvarez Pesce

Primeira edição. Segunda reimpressão.

Catapulta

R. Passadena, 102
Parque Industrial San José
CEP: 06715-864
Cotia – São Paulo
infobr@catapulta.net
www.catapulta.net

ISBN 978-65-5551-033-1

Impresso na China em fevereiro de 2025.

Sánchez Vegara, María Isabel
Gente pequena, grandes sonhos : Charles Darwin / escrito por María Isabel Sánchez Vegara ; ilustrado por Mark Hoffmann ; [tradução Carolina Caires Coelho]. -- Cotia, SP : Catapulta, 2021. -- (Gente pequena : grandes sonhos)

Título original: Pequeño & grande : Charles Darwin
ISBN 978-65-5551-033-1

1. Darwin, Charles, 1809-1882 - Biografia - Literatura infantojuvenil 2. Literatura infantojuvenil 3. Naturalistas - Inglaterra - Biografia - Literatura infantojuvenil I. Hoffmann, Mark. II. Título. III. Série.

21-70974 CDD-028.5

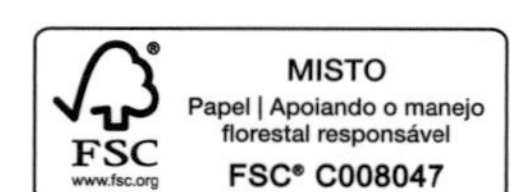

Índices para catálogo sistemático:
1. Charles Darwin : Biografia : Literatura infantil 028.5
2. Charles Darwin : Biografia : Literatura infantojuvenil 028.5
Cibele Maria Dias - Bibliotecária - CRB-8/9427

Fotografias (págs. 28-29, da esquerda para a direita) 1. 1816: o naturalista britânico, autor de *A origem das espécies pela seleção natural*, Charles Darwin (1809-1882) e sua irmã Catherine, © desenho com giz feito por Sharples; fotografia de Hulton Archive/Getty Images. 2. Retrato de Charles Darwin na juventude, em 1840; aquarela e giz sobre papel feito por George Richmond, 1840 © fotografia de GraphicaArtis/Getty Images.
3. O naturalista britânico Charles Darwin (1809-1882), que desenvolveu a teoria da evolução por meio da seleção natural © fotografia de Time Life Pictures/Mansell/ Coleção fotográfica de LIFE por meio da Getty Images.
4. Charles Darwin, (1809-1882), cientista inglês que desenvolveu a teoria moderna da evolução © fotografia de Bob Thomas/Popperfoto por meio da Getty Images/Getty Images.

Primeira edição no Reino Unido e nos Estados Unidos em 2021 pela Quarto Publishing plc'.

B
C
D
A
1
D
1